Histoire de la crise religieuse en Europe

Ernest Renan

Histoire de la crise religieuse en Europe

Editions le Mono

On a souvent accusé de préoccupations étroites et d'idées fixes ceux qui signalaient, en dehors de toute vue dogmatique intéressée, les périls que la question religieuse peut faire courir à la paix du monde en cette seconde moitié du XIXe siècle, qui réserve aux esprits superficiels tant de surprises. Quand des personnes informées venaient dire : « Prenez garde, les raisonnements que vous faites sur la France, sur son indifférence religieuse, sur sa routine et sa passivité en fait de croyances, pourraient bien ne pas s'appliquer au reste de l'Europe, et surtout au monde germanique et slave, » elles ne recueillaient d'ordinaire qu'un sourire incrédule. Des hommes qui se croyaient habiles leur reprochaient d'agiter le présent par des réminiscences d'un autre âge. Quelques faits récents sont venus troubler cette quiétude, la possibilité d'une guerre religieuse s'est révélée tout à coup ; on a vu que les idées modérées et les convenances particulières de notre pays ne s'appliquent qu'à un monde très réduit. Il importe d'envisager avec froideur une situation que la France n'a pas faite, mais qui s'impose à elle. Ces grandes luttes religieuses ne sont qu'à leurs débuts ; elles tiennent à ce qu'il y a de plus profond dans l'histoire des sociétés modernes. Se tromper même légèrement sur le parti qu'il convient d'y prendre, c'est s'exposer à un écart funeste qui pourrait mener dans l'avenir aux conséquences les plus graves.

I

Deux faits renferment l'explication du déchirement qui s'est produit tout à coup dans une situation calme en apparence. Ces deux faits, qui compteront un jour entre les plus grands de l'histoire, sont d'une part l'individualité puissante déployée par le pape Pie IX durant son mémorable pontificat, de l'autre l'apparition subite de la Prusse, réalisant ce qu'on n'avait pas vu depuis les Othons, je veux dire un principe d'hégémonie politique, militaire et religieuse constitué au centre de l'Europe par l'unité des forces germaniques.

Le règne du pape Pie IX sera considéré un jour comme le plus extraordinaire de toute l'histoire de la papauté. D'abord il a été de beaucoup le plus long, et cela seul eût suffi pour en faire le point de départ d'une ère de révolution. La singulière royauté élective qui s'est si longtemps maintenue à Rome, grâce à la tradition d'habileté que garda l'aristocratie ecclésiastique de cette ville, héritière de l'antique patriciat, n'était possible qu'avec de courts pontificats. Le vieux cardinal sur la tête duquel on posait la tiare était d'ordinaire plus ou moins désabusé ; son pouvoir immense, les adulations du monde entier qui l'entouraient, n'avaient pas le temps de l'enivrer. Des règnes qui duraient en moyenne cinq ou six ans n'arrivaient jamais à changer le fond du collège des cardinaux ; presque toujours la partie du sacré-collège qui durant la vie d'un pape avait fait partie de l'opposition triomphait après sa mort. De là un balancement régulier, qui empêchait les imprudences de s'accumuler dans un même sens. Il n'en a pas été ainsi de notre temps. Pendant vingt-cinq ans, une direction absolument identique a présidé à la politique de la cour de Rome. Pie IX a changé, il est vrai, et changé plus qu'aucun homme dont on ait gardé le souvenir ; mais il n'a changé qu'une fois. Depuis 1849, il n'a pas dévié un jour de la politique que, dans son exil exaspéré de Gaëte, il conçut comme une révélation du ciel. Chaque année a marqué un progrès dans la voie qui devait mener aux prodigieuses apothéoses de 1870. Presque toute la curie romaine a été renouvelée dans le même esprit ; huit membres seulement dans le sacré-collège ne doivent pas leur nomination au pontife dominateur qui, non content de s'être décerné l'infaillibilité, tient avant tout à régner après sa mort et à imposer ses vues personnelles à l'avenir.

Assurément ce n'est pas de nos jours que date chez la papauté la tendance à outrer ses prétentions. Le moyen âge, de Grégoire VII à Boniface VIII, vit se développer la tentative la plus hardie pour faire du pontife romain une sorte de calife chrétien. Cette tentative, comme toutes les grandes choses, réussit à demi, puis échoua. Elle eut pour conséquence les tristes abaissements du XIVe et du XVe siècle, la papauté vassale à son tour des souverains qu'elle avait voulu dominer, les spectacles mesquins d'Avignon, deux et trois papes à la fois, s'excommuniant, se maudissant. Le schisme eût été incurable, si la doctrine alors incontestée de la supériorité du concile sur le pape n'eût offert un moyen pour en sortir. Relevée par le génie italien du XVe siècle, la papauté reprit sa tradition. De Martin V à Pie IX, pas un jour ne fut perdu pour l'érection de cet édifice immense dont l'année 1870 a vu le couronnement. Une armée de théologiens recherche les textes, fausse toute critique, fait violence à l'histoire pour montrer dans l'évêque de Rome l'héritier d'un privilège auquel assurément aucun des fondateurs du christianisme ne songea. Les plus zélés de ces apologistes, comme Bellarmin, se voyaient condamnés pour n'en avoir pas encore dit assez. De puissantes églises nationales opposaient au développement des hyperboles ultramontaines une invincible résistance ; mais quand la révolution eut renversé la plus forte de ces églises, l'église gallicane, quand la philosophie et le libéralisme eurent affaibli les autres, la cour de Rome triompha sans contrepoids. Napoléon, par son concordat, apprit au pape qu'il avait des droits dont il ne s'était jamais douté, en particulier celui de supprimer d'un trait de plume toute une église et de la reconstruire sur d'autres bases. M. de Lamennais, le grand précurseur de l'ultramontanisme, toute l'école néo-catholique, tout le journalisme catholique, les libéraux eux-mêmes de cette école, ou du moins ceux qui se croyaient tels, n'eurent qu'une voix pour exalter Rome et y montrer le centre de la vérité. Que pouvait un clergé fonctionnaire, sans propriétés, sans patrie, mécontent du pays et de son gouvernement, contre ce fatal entraînement ? Rome devait lui apparaître comme sa vraie patrie, comme l'unique cité de son cœur. On ne comprend rien à l'histoire religieuse de notre temps, si on ne voit pas que l'église gallicane, un moment relevée contre toute logique par l'empire, avec plus de conséquence par la restauration, était depuis la révolution condamnée à mourir, et que le catholicisme allait fatalement se réduire à ne plus être qu'une grande secte centralisée entre les mains d'un chef devenu une sorte d'incarnation divine. L'organe de la nouvelle église devait être un journalisme ardent, ne relevant que de Rome, et rejetant dans l'ombre l'autorité vieillie de l'épiscopat.

Ces tendances latentes depuis la fin de la restauration trouvèrent dans Pie IX, dans son entourage, dans les théologiens qui avaient sa confiance, dans la société de Jésus, devenue la confidente et l'inspiratrice de toutes ses pensées, d'ardents et audacieux promoteurs. Jamais campagne ne fut plus savamment concertée. Exalter systématiquement l'église aux dépens de l'état, soutenir même que l'état tient ses pouvoirs de l'église, présenter les concordats conclus avec les états comme n'obligeant l'église que dans la mesure de son intérêt, — éteindre les diversités autrefois si salutaires qui laissaient subsister dans l'église universelle des églises locales, établir l'unité de liturgie, latiniser toutes lest églises catholiques de l'Orient, — par des condamnations successives resserrer la croyance, écarter toute velléité de libéralisme, bien montrer qu'il n'y a dans l'église catholique qu'une seule école de théologie, — par le dogme de l'immaculée conception, habilement surpris et rendu obligatoire, sans qu'il y eût eu un vote des évêques, créer un précédent qui jusque-là n'existait pas, savoir un dogme, non formulé dans l'Écriture sainte, non défini par les conciles, et pourtant devenu de foi parce que le pape l'avait promulgué en face d'évêques simples assistants, — par le *Syllabus* frapper un coup plus fort encore, mettre le catholique dans l'alternative ou de se séparer du centre de l'unité (pour lui crime sans égal), ou de se soumettre à la plus formelle condamnation de tout ce qui constitue la raison moderne, — puis, après avoir ainsi consommé l'anéantissement moral de l'église, Rappeler pour signer son abdication, pour reconnaître que le pape sans le concile peut tout ce que jusqu'ici il n'avait pu qu'en union avec l'église assemblée, rendre ainsi inutiles les conciles futurs, fermer la bouche à tout catholique qui oserait recourir à des distinctions et soutenir encore les principes d'un Gerson, d'un Bossuet, — voilà ce qu'un homme a fait de notre temps. Certes, si le catholicisme ultramontain doit triompher un jour, Pie IX aura mérité le nom de grand, même Grégoire VII ne pourra lui être comparé ; mais si, comme nous le croyons, l'ultramontanisme est une voie sans issue, Pie IX sera jugé sévèrement.

On le considérera comme le destructeur du catholicisme, et l'on fera dater de lui le moment où des lézardes fatales se seront produits dans l'édifice. Pie IX a plus fait, dans l'histoire du catholicisme que Richelieu et Louis XIV dans l'histoire de France. De même que Richelieu et Louis XIV ont écrit d'avance les traits essentiels de la révolution, de même Pie IX a décidé que le catholicisme périrait révolutionnairement, — par excès de pouvoir, par exagération des principes. Après Pie IX, rien n'est plus possible dans l'église. Or l'histoire nous montre que toute force se brise quand elle atteint son *maximum*, que tout pouvoir qui s'est proclamé absolu tombe, que la punition de l'orgueil commence le jour où l'orgueil est à son comble. Le 18 juillet 1870, Pie IX était déclaré infaillible, sans qu'un seul opposant osât s'inscrire contre cette assertion inouïe.

Le 20 septembre 1870, Pie IX perdait ce pouvoir temporel qui est la condition indispensable de la nouvelle papauté rêvée par l'école ultramontaine. Le pape devenait dans le monde une impossibilité. La papauté a voulu se mettre hors de la nature ; il n'y a plus de place pour elle dans le monde des réalités ; il faudrait pour sa résidence une cité divine dans les nuages, un pic comme celui de Monte-Cristo au milieu des mers. La séparation de l'église et de l'état, dont aucun pays n'aurait osé prendre l'initiative, Pie IX ou, si l'on veut, le parti ultramontain, l'a réalisée. C'est lui qui, avec une imprudence sans pareille, a coupé les ponts derrière lui, s'est refusé toute voie de retraite. Jamais on ne vit pareille audace. Une foi ardente explique seule une telle renonciation au sens humain.

Ce qui rend en effet la conduite de la papauté inexplicable depuis dix ans aux yeux de la politique mondaine, trop portée à diminuer le rôle des grandes convictions théologiques, c'est que les circonstances extérieures semblaient devoir conseiller une direction toute contraire. Les événements de 1866 furent un coup de foudre ; il fallait avoir les oreilles fermées à toute sagesse pour n'en pas être ébranlé. L'Autriche ultramontaine, le parti catholique de la cour de Vienne, appui si solide pour les espérances jésuitiques, n'existait plus. Ce concordat de 1855, la plus grande concession que la cour de Rome eût obtenue d'un gouvernement affolé par la révolution, était blessé à mort. Cela eût suffi pour éclairer une politique exempte d'illuminisme ; mais toutes les leçons sont inutiles pour l'esprit infatué de surnaturel, qui s'imagine agir d'autant plus conformément aux inspirations du ciel qu'il se montre plus sourd aux avertissements de la raison.

L'année 1870 amena bien d'autres complications. Depuis 1849, la France s'était faite en Italie la gardienne des intérêts catholiques ; nous pensons que ce fut là une très grande faute. La politique qui aurait pu convenir à la vieille France, monarchique et gallicane, était devenue un non-sens, une choquante contradiction en plein XIXe siècle. La France n'est plus ce qu'elle était avant 1789 ; la papauté est bien moins encore ce qu'elle était du temps de Benoît XIV et de Clément XIV. Éternelle aberration d'un parti auquel on ne dénie ni la bonne foi ni le patriotisme ! Ne pouvant réaliser son utopie d'une France revenant à l'ancien régime, au catholicisme, à la royauté légitime, la droite de l'opinion française s'imagine que la politique d'un pays peut être dans la pratique et le détail le contraire de ce que comporte le titre officiel. Une république moins libérale que la royauté, voilà son rêve. Quoi de plus superficiel ? Pouvez-vous refaire une France légitimiste, gallicane, avec son roi de droit divin, son église nationale ? Si vous le pouvez, faites-le ; cela présenterait de tels avantages, cela écarterait de tels périls, que nous n'essaierions pas de l'empêcher, sauf à revendiquer, dans un pareil état de choses, ce que nous regardons comme des droits imprescriptibles ; mais si vous ne le pouvez pas, abandonnez la chimère d'une politique monarchique sans roi, d'une politique catholique sans un peuple catholique. Loin de modifier l'opinion, base unique de la force dans un pays qui n'a d'autre institution que le suffrage, vous l'éloignerez, vous l'irriterez. Inutile, du reste, de discuter si une telle politique fut bonne ou mauvaise il y a vingt-cinq ans, puisque aujourd'hui elle est devenue impossible. Une politique catholique serait pour tout gouvernement français, quel qu'il soit, une cause de chute inévitable, immédiate.

Or que l'en songe aux conséquences. L'Autriche, depuis 1866, en réaction contre le cléricalisme, qui triompha après la répression des mouvements de 1848, la cour même déclarant qu'elle ne veut plus entendre parler de Pie IX ni de ses prétentions insoutenables, — l'Espagne annulée par ses révolutions intérieures, — l'Italie directement en lutte avec la papauté temporelle à cause de ses intérêts nationaux, — la France réduite pour de longues années à s'abstenir dans toutes les questions étrangères, par conséquent plus une seule nation qui puisse faire ce que fit la France, bien à tort, selon nous, en 1849, mettre son armée au service du parti catholique : cela est grave. Le parti catholique, élément important dans beaucoup de pays, sorte de nation répandue partout, mais ne formant nulle part une nation existant par elle-même, présente cette grande faiblesse de n'avoir pas d'armée. Le parti catholique n'acquiert de force réelle que quand il est ou réussit à faire croire qu'il est la majorité dans un grand pays, et qu'il décide ce pays, comme il fit en 1849, à lui prêter son armée contre l'ennemi séculaire de la papauté, la nationalité italienne. Or il s'écoulera bien du temps avant que cela n'arrive, et voyez les conséquences ultérieures. Privée de son petit domaine temporel, au moins de sa ville de Rome, la papauté, telle que l'ont faite les exagérations successives des théologiens, ne peut plus guère exister. Les royautés électives sont sujettes à des inconvénients auxquels les profonds instincts politiques de la cour de Rome avaient su remédier avec beaucoup d'art. Ces inconvénients sont presque tous relatifs aux élections elles-mêmes. Les intermittences de souveraineté, que la royauté héréditaire ne connaît pas, sont pleines de danger. Par ces défauts de la cuirasse, l'ennemi pénètre toujours, témoin la Pologne.

La papauté même en a souffert. En 1305, l'élection donna la victoire au pire adversaire que la papauté ait jamais eu, à Philippe le Bel, quasi-meurtrier de Boniface VIII. Durant tout le XIVe siècle, l'élection fut la porte fatale par laquelle la simonie, toutes les faiblesses, tous les crimes passèrent. Le jeu pacifique des conclaves avait paré à cela. Or le jeu des conclaves suppose non-seulement la possession souveraine de la ville de Rome, mais il suppose que cette ville est comme un tombeau fermé à tous les bruits du dehors. Les conclaves ne se tiendront pas dans Rome libre ou capitale d'un royaume laïque. Il y faut un complet silence de l'opinion publique, sans quoi des pressions, des froissements sont inévitables. Pour assurer la liberté des conclaves, la papauté fera ce qu'elle fit vingt fois au moyen âge ; tôt ou tard elle partira de Rome, et dès lors quelles aventures ! Qui ne voit que l'unité d'une telle institution tient essentiellement à son lien matériel avec une terre, qu'une papauté qui ne sera plus souveraine et sédentaire se brisera en morceaux ?

Il serait injuste de mettre uniquement sur le compte des imprudences contemporaines de la papauté un résultat qui sortait à peu près inévitablement de l'esprit du siècle. La papauté avait dans son essence une trop grande part de théocratie pour pouvoir vivre avec les états modernes. Le catholicisme romain, comme l'islamisme, avait commis la faute d'abuser de sa victoire. Le jour où l'islam, dans une ville, ne se prouve plus par son air de maître, ses allures victorieuses, ses mosquées triomphales, le jour où il ne règle plus le battement de la vie par ses prières, où il ne proclame plus l'heure par ses muezzins, l'islamisme n'existe plus. L'église latine s'était donné l'avantage que n'a pas eu l'église grecque, d'un centre matériel d'unité ; elle en a recueilli durant des siècles les heureuses conséquences ; selon la loi éternelle, elle va maintenant en sentir les inconvénients. Rome tout entière, avec ses lieux saints, ses églises, ses couvents, ses généralats d'ordres religieux, était devenue un organe nécessaire de la papauté ; espérer que la papauté vivra hors de Rome sans ces organes, est comme si on eût demandé au vieux judaïsme de se continuer sans le temple. Le judaïsme a vécu sans doute après l'an 70, mais si profondément transformé qu'on peut à peine l'appeler du même nom.

La fin du règne de la papauté dans Rome sera donc le signal d'une profonde modification dans l'essence de la papauté, telle que l'ont faite les siècles, telle que l'a parfaite le concile du Vatican. Or, par un rapprochement singulier, la papauté perdit Rome juste deux mois après qu'elle s'était décerné une quasi-divinité. Le pape du moyen âge a pu par moments être sans résidence bien fixe, parce que l'église existait hors de lui d'une existence forte et complète ; mais ce demi-dieu, menant une vie de fuites et d'aventures, plus d'une fois éconduit, expulsé, pris comme otage, serré dans l'étau des guerres et des révolutions, voilà ce qui ne se conçoit plus. Chef errant d'un vaste royaume de croyants, le pape sera partout un hôte dangereux, incommode ; les pays les plus cléricaux ne voudront pas de lui. Comme le judaïsme chassé de Jérusalem, le catholicisme usera sa vie séculaire à pleurer un bonheur évanoui, à rêver des retours impossibles. Ces regrets d'une Sion perdue, ces alternatives de nostalgie profonde et d'espérances frénétiques, constitueront une force qu'il ne faut pas méconnaître, mais une force comme celle du judaïsme dispersé, incapable d'agir d'une manière durable sur la politique, et destinée à devenir avec le temps un simple souvenir. « Vous oubliez, me dira-t-on, les services que l'esprit révolutionnaire rendra sans le vouloir au principe qui s'est posé en adversaire direct de la révolution. Vous ne voyez pas que, toujours immuable au milieu d'un chaos d'idées contradictoires, incapables de rien fonder, la papauté bénéficiera un jour de ses fautes, et régnera de nouveau comme ayant été l'âme de la sainte-alliance contre la révolution. » Cette vue de l'avenir ne me paraît pas vraie. D'abord la révolution ne se comportera pas dans les pays germaniques et slaves comme elle l'a fait dans les pays latins. Si jamais la révolution atteint profondément ces peuples, ce n'est pas la papauté qui les sauvera. La papauté se présentera chez eux bien moins comme le remède à la révolution que comme un des fauteurs de la révolution. En outre le raisonnement que je combats, et qui est familier aux catholiques intelligents, serait juste, si la solidité du navire était à toute épreuve. Or elle ne l'est pas. Ce navire, autrefois si bien fait pour surnager dans les bourrasques, on en a changé toutes les proportions. Le centre de gravité en est déplacé. Le plus petit corps, pourvu qu'il soit insubmersible, l'emporte sur la plus furieuse tempête. C'est ainsi que la raison et la science, toutes faibles et désarmées qu'elles paraissent, sont éternelles, car elles sont toutes composées de vérités. Rien de ce qui est en elles ne peut mourir ; sans cesse déprimées, elles surnagent toujours ; mais la papauté est entrée dans la voie des naufrages. Son parti-pris de ne pas voir la réalité, son attente certaine d'un miracle dont le ciel lui est redevable, ont de la grandeur, et ce n'est pas nous qui assisterons sans respect à un spectacle qui étonnera l'avenir. Le 20 septembre 1870, au point du jour, quand le premier coup de canon fut tiré contre la porte Pie, les fervents souriaient encore et disaient : « Ils n'entreront pas ! » Ces attentes obstinées font commettre bien des fautes. C'est ainsi que les Juifs perdirent leur temple, sous prétexte qu'au dernier moment Dieu enverrait des légions d'anges pour le sauver. C'est ainsi que l'on compromet tous les jours la France, au nom d'un passé de miracles et de protections surnaturelles. La philosophie n'exclut pas la foi en un idéal de justice vers lequel toute conviction sincère a le droit de se tourner avec un sentiment pieux ; mais elle regarde comme un acte d'orgueil de croire qu'on est nécessaire aux plans divins, et que la Providence veille sur vous, quelque faute que l'on commette, quelque peu de souci que l'on ait de s'éclairer.

II

Si la conséquence de la guerre de 1870 eût été simplement de forcer la France à retirer son armée de Rome, bien des motifs d'espoir fussent restés, au moins pour l'avenir, aux catholiques ; mais une conséquence bien plus grave encore des événements de 1866 et de 1870 fut de créer une Allemagne protestante, forte, animée d'un même esprit, et destinée, comme tous les vainqueurs, à exercer l'hégémonie européenne pendant quelques années. L'état ainsi formé est pour la papauté un mortel ennemi. Deux facteurs en effet composent ce produit improvisé de la victoire, l'un est la Prusse, l'autre est le parti national allemand. Tous deux impliquent dans leur essence même la formelle négation du catholicisme romain.

La Prusse, noyau du nouvel empire, est fille directe du protestantisme ; le protestantisme l'a tirée du néant ; a été sa raison d'être. La conception prussienne de l'église subordonnée à l'état, en vue du plus grand bien de la patrie, est l'opposé de la conception catholique, où l'état n'a de valeur que s'il sert l'église et la fait régner.

La Prusse est avant tout une armée, une administration doctrinaires, ayant une philosophie vraie ou fausse, mais dont les points fondamentaux sont la négation de la théocratie ; le *Syllabus* a l'air d'avoir été fait pour elle. Aucun homme d'état prussien n'hésite à reconnaître que l'individu appartient avant tout à l'état, qui le forme, le dresse, l'enrégimente, le conduit. « Il vaut mieux obéir à Dieu qu'aux hommes » est une maxime devant laquelle ces modernes imitateurs d'une politique que nous croyions abandonnée font profession de ne pas s'arrêter.

Bien plus hostile encore à la cour de Rome est le second élément dont s'est formé l'empire allemand, le parti patriote. Ici c'est une opposition radicale, absolue. Protestants libéraux ou rationalistes, les patriotes allemands envisagent l'ultramontanisme comme le plus dangereux ennemi de leur patrie et de l'esprit humain. Ils sont convaincus qu'en le combattant ils combattent pour l'avenir, et que cette lutte sera un jour le principal titre du nouvel empire à la reconnaissance de l'humanité, la grande chose par laquelle il justifiera son avènement. Dogmatiques par essence, ils traitent notre libéralisme français, tolérant même pour ce qu'il désapprouve, de faiblesse peu philosophique. Ils mêlent à ces vues une théorie historique en partie erronée.

Dans leur orgueil, ils voudraient que l'Allemagne ne dût rien qu'à elle-même, comme si la culture intellectuelle, la religion, l'art, la littérature relevée, la société polie, n'avaient pas été en Allemagne des importations du dehors, des emprunts, dont aucun n'a beaucoup plus de mille ans, dont quelques-uns n'ont pas cent ans. Réfuter historiquement ces prétentions d'érudits passionnés serait chose facile ; mais à quoi sert de réfuter des préjugés embrassés comme une foi par un peuple tout entier ?

Le premier article du *credo* allemand est que l'Allemagne ne doit relever que d'elle-même, et, comme la religion, dans la manière de voir de cette école, est une chose capitale, une chose sur laquelle l'état ne peut abandonner son contrôle, l'assujettissement d'une partie du peuple allemand à la curie romaine, à un pouvoir qui n'est pas exercé par des Allemands, où des Français même peuvent avoir une grande part, est ce qui humilie le plus des personnes habituées à porter dans leurs raisonnements une grande conséquence et à voir les événements leur donner raison. Rattacher la fraction catholique du nouvel empire au protestantisme est une pensée qui ne s'est pas présentée à des hommes aussi éclairés. Les protestants libéraux de l'Allemagne voient bien que le XIXe siècle ne peut se souder au XVIe, et que l'on n'amènera ni les catholiques ni les protestants à renoncer à ces vieilles dénominations confessionnelles pour lesquelles on a versé tant de sang ; mais ils croient que le catholique allemand aurait sa conscience suffisamment tranquillisée, s'il gardait son nom, ses prêtres, ses pratiques traditionnelles, tout en n'ayant avec le reste de la catholicité, surtout avec Rome, qu'un lien très lâche. Ils ne voient pas que pour le catholique ce lien est tout. Dès qu'on admet que la source des grâces divines est entre les mains d'un pontife suprême d'où elle s'épand sur l'église entière, celui qui n'est plus en communication par les canaux hiérarchiques avec ce centre de tout bien meurt de sécheresse. A vrai dire, les libéraux allemands sont gens trop savants pour ne pas comprendre cela ; mais ils ont compté sur l'entraînement du patriotisme et de la gloire. Ils voient que le catholicisme a été, depuis le XIe siècle, la ruine de la patrie allemande, la cause presque unique qui a empêché leur pays de réaliser la destinée qu'ils rêvent pour lui. Ils sont convaincus que de nos jours le catholicisme est le grand obstacle à leurs plans d'une grande-maîtrise intellectuelle et politique exercée sur le monde par l'Allemagne unifiée. En tout cas, il faut dire qu'ils n'ont guère de choix. Le nouvel empire allemand et le catholicisme sont nés affrontés ; il faut que la victoire décide entre les deux. Ce n'est pas une superficielle antipathie, un caprice personnel de M. de Bismarck, qui arment l'une contre l'autre ces deux grandes forces de l'Europe ; — seuls des politiques bornés, ne concevant pas qu'on soit prévoyant, qu'on aille au-devant des problèmes, qu'on ne se repose pas sur sa victoire, ont pu penser cela ; — c'est la raison même des choses, c'est la lutte pour la vie. *Vita Caroli, mors Conradini.* Par une coïncidence historique des plus frappantes, la papauté et l'Allemagne ont atteint au même moment le point culminant de leur orgueil. Un choc terrible était inévitable, comme quand deux vagues en sens contraire se rencontrent et trouvent dans leur opposition une force qui décuple leur élan.

Le concile du Vatican avait mis la conscience catholique dans un état de fièvre d'où il était bien difficile que l'on sortît paisiblement. Il eût été assez naturel que le déchirement se produisît pendant le concile même. La majorité, pour qui connaît l'église catholique, ne fut pas douteuse un moment ; mais on eût pu croire qu'une minorité d'évêques, surtout allemands, hongrois ou slaves, se fût séparée. Tout concile dans l'histoire a créé un schisme en quelque sorte parallèle. Telle est la profondeur de la révolution opérée dans l'église catholique depuis qu'elle s'est abandonnée sans réserve aux idées de centralisation, que pas un seul des membres de l'opposition du concile n'a suivi une voie qui était en quelque sorte indiquée ; même M. Hefele, même M. Strossmayer se sont soumis. Ces hommes éminents ont bien vu que, dans l'état de la catholicité moderne, il n'y a pas de place pour un évêque schismatique. Ils sont restés attachés à l'église, quand l'église s'engageait dans une voie qu'ils blâmaient. Cependant il était impossible que tous les ecclésiastiques, tous les laïques, observassent la même modération ; le schisme, suspendu comme par miracle durant la réunion des évêques, ne pouvait manquer d'éclater après la clôture de cette session qu'on appelle la première, mais qui sera sans doute l'unique de celte étrange assemblée.

Pour un esprit pénétrant, il était clair que la crise se produirait surtout en Allemagne. La France et les autres pays du même genre, où le catholicisme est une sorte de vieille habitude, précieusement gardée, parce qu'elle règle et pénètre la vie, ne pouvaient qu'être tout à fait indifférents à ce nouveau dogme, comme à celui de l'immaculée conception. La plupart des personnes à qui on révélait les dangers de ces additions téméraires faites à une croyance tenue pour immuable avouaient naïvement qu'elles ne voyaient dans tout cela rien de nouveau, et qu'elles s'imaginaient depuis longtemps être obligées de croire ce qu'on venait de promulguer. Quelques ecclésiastiques instruits reculèrent seuls devant des excès auxquels répugnait leur éducation théologique. La masse resta parfaitement insoucieuse. Un dogme de plus, un dogme de moins, on ne s'inquiéta pas de si peu de chose. Le croyant était prêt à tout admettre ; quant à l'incroyant, que lui importait ? L'extrême ignorance religieuse du laïque rend tout possible chez nous ; nous n'avons pas de théologiens, ou, si nous en avons, personne ne pense à eux, ne les consulte. Dans un tel pays, on n'épilogue pas sur les dogmes ; quand on abandonne la religion établie, c'est pour passer sans réserve à la libre pensée.

Les uns verront là un profond abaissement, d'autres y verront un progrès. Il est certain que la France bénéficia en cette circonstance de deux grands avantages qu'elle avait sur les pays allemands : 1° de sa législation excellente, qui permet au citoyen de jouir de tous ses droits en dehors des cultes établis, 2° de son grand détachement des symboles religieux. En France, on ne comprend plus guère qu'on tienne sérieusement à telle ou telle confession de foi. Au fond de notre religion tout extérieure et politique, il y a un scepticisme assez judicieux. On adopte tout, parce qu'on sait qu'en pareille matière tout et rien se ressemblent. La religion devient ainsi comme ces remèdes qu'on prend sans les goûter, et sans savoir ce qu'ils renferment. On admet la croyance sur l'étiquette, sauf à être mille fois hérétique dans le détail. Nous ne disons pas que cela soit très philosophique ; mais la France ne veut pas qu'en pareille matière on se pique de beaucoup de philosophie. Pauvre pays ! même dans ses erreurs, il y a plus d'esprit que dans la vérité des autres ! .. Le sentiment qui nous fait regarder toute discussion théologique comme une preuve de simplicité et de mauvais goût tient à cette opinion enracinée et très juste, qu'en cet ordre rien n'est vrai ni faux. — L'Italie se place volontiers au même point de vue. L'émotion qu'elle éprouve en ce moment n'a rien de commun avec le concile. Ce concile, sans les circonstances politiques, eût passé pour elle presque inaperçu, parce que la situation du fidèle, de celui qui doute, de celui qui ne croit pas, à l'égard de l'église, est en Italie à peu près ce qu'elle est en France. L'Italie devança même la France dans cette voie. Les averroïstes italiens de la seconde moitié du moyen âge, les païens du XVe siècle et de la première moitié du XVIe, raisonnaient exactement de la même manière. La superstition est bonne pour le superstitieux. *Mundus vult decipi, decipiatur.* Tout autre fut l'effet du concile du Vatican sur les pays allemands. Le catholique allemand un peu cultivé a des habitudes presque protestantes ; il sait sa religion, la raisonne, admet ceci, n'admet pas cela. A côté de l'évêque et du prêtre, la plupart des pays catholiques allemands ont le docteur en théologie dont les décisions ont, en matière de foi et de morale, une autorité parfois supérieure à celle de l'évêque. Un maître de religion laïque est souvent chargé dans les établissements d'instruction publique de l'enseignement religieux. Autant il était peu probable que les évêques se détacheraient de l'unité catholique, autant il était écrit d'avance que la défection se produirait dans les rangs des docteurs et des professeurs de théologie. Avec la connaissance qu'ils avaient des textes, ceux-ci voyaient combien on s'écartait de la tradition. L'enseignement de la théologie dans les universités portait ses fruits. Ce n'est pas sans raison que la cour de Rome et le parti ultramontain regardent cet enseignement comme le danger suprême de l'Allemagne, qu'il faut extirper à tout prix. L'enseignement de la théologie *intra muros* dans les séminaires, tel qu'il est pratiqué depuis la révolution dans les pays catholiques, l'Allemagne exceptée, a été un changement de la plus haute importance. Placés quelquefois, comme à Tubingue, côte à côte avec les professeurs de théologie protestante, vivant près d'eux en bons collègues, lisant et expliquant les mêmes textes, partageant le même genre de vie, engageant avec eux ces interminables et inoffensives disputes, semblables aux batailles de la Walhalla où l'on se mettait en pièces tout le jour, et d'où le soir on sortait sain et sauf, les professeurs de théologie catholique étaient devenus en Allemagne des quasi-protestants. Ce contact obligeait les adversaires à s'observer, à donner leurs preuves, à ne déraisonner que sobrement. Consulté sur le nouveau dogme qu'il s'agissait de décréter, Dœllinger, le coryphée de la théologie catholique, répondit qu'on allait tout perdre. Ce grand stratégiste voyait bien qu'on rendait l'apologétique contre les protestants impossible. L'assise de la forteresse où il se défendait était bien étroite : il déclarait pouvoir à peine y tenir ; si on la rétrécissait encore, il annonçait que la défense serait absolument impossible. La plupart des théologiens connus des facultés catholiques allemandes furent de son avis. Il y avait longtemps qu'ils étaient fatigués des difficultés que les théologiens romains semaient sur leurs pas. Leur position était celle d'avocats savants, défendant à grands renforts de textes et d'autorités un client qui ferait un malin plaisir de déranger leurs arguments, à mesure qu'ils les édifient péniblement.

A ces théologiens révoltés se joignirent quelques laïques instruits, théologiens eux-mêmes, au courant de ces recherches historiques et critiques où la studieuse Allemagne use avec délices ses jours et ses nuits. Une protestation considérable se forma ; l'affaire fut conduite avec sérieux et gravité ; ces « protestants » du XIXe siècle voulurent s'appeler « vieux-catholiques. » Libre à eux sans doute ; nous trouvons, nous autres, qu'il n'est pas très logique de s'appeler catholique, quand on rejette ce qui constitue l'essence du catholicisme, l'acceptation par principe d'autorité de tout ce que l'église enseigne. Or ce que les vieux-catholiques rejettent, ce n'est pas seulement un enseignement du saint-siège ; c'est la décision d'un concile, contre l'œcuménicité duquel ils ne protestent que depuis qu'il s'est prononcé dans un sens différent du leur. M. Reihkens repousserait de son église celui qui n'admettrait pas les décisions des conciles de Nicée et de Trente ; nous ne voyons pas pourquoi des conciles sont préférés à celui du Vatican. Ceci n'importe ; les dénominations sont libres. L'église romaine a-t-elle un droit strict à s'appeler catholique ? L'église orientale est-elle bien fondée à se dire orthodoxe ? Chaque secte se donne ainsi des titres qu'il ne faut pas lui disputer. Ce qu'il y a de sûr, c'est que, vers la fin de 1871, une nouvelle église chrétienne, en dehors du catholicisme proprement dit et du protestantisme, existait en Allemagne, en Suisse, et devenait le centre des efforts analogues, mais isolés, qui se produisaient dans les autres pays.

Les idées fondamentales de ce mouvement nouveau étaient trop parfaitement d'accord avec celles du gouvernement prussien et des libéraux allemands pour n'être pas accueillies avec empressement à Berlin. C'était bien là ce que l'on voulait ; on n'avait jamais songé à demander aux catholiques un changement de dénomination qui eût impliqué que leurs ancêtres au XVIe siècle eurent tort de ne pas se faire protestants, et qui eût obligé Dœllinger par exemple à faire mettre au pilon tous ses volumes de polémique contre le protestantisme ; ce qu'on regardait comme possible était de les amener, tout en s'appelant catholiques, à n'avoir plus aucune attache sérieuse hors de l'Allemagne, à se soumettre complètement à l'état allemand. Le gouvernement impérial prit donc sous sa protection spéciale le mouvement « vieux-catholique, » et fonda les meilleures espérances sur l'avenir de cette nouvelle église. La nouvelle église, de son côté, y mit la plus grande complaisance, se plaça tout d'abord dans la dépendance de l'état, et avoua bientôt son caractère purement allemand, au risque de compromettre par là son rôle catholique ou universel.

Disons tout d'abord que, si le gouvernement de Berlin se fût borné à protéger les hommes considérables qui s'engageaient dans cette voie nouvelle, à leur assurer tous les droits, toutes les libertés du citoyen, nous n'aurions qu'à le louer. Les vieux-catholiques, selon nos idées, avaient un droit entier à se séparer des catholiques infaillibilistes. Il était juste qu'après s'être ainsi séparés-ils eussent les facilités nécessaires à l'exercice de leur culte. Or la législation prussienne des cultes était si imparfaite que, pour donner à ces dissidents un droit qui leur appartenait par nature, il fallait réformer de fond en comble le droit existant. La loi prussienne n'admettait pas qu'on fût en dehors d'un des cultes reconnus ; pour les actes les plus importants de la vie civile, le citoyen relevait de son clergé ; l'individu qui abandonnait son église sans entrer dans une autre ne pouvait ni se marier, ni donner à ses enfants un état civil régulier ; l'excommunication prononcée par l'évêque avait les conséquences les plus graves : elle mettait bien réellement l'excommunié hors la loi. L'esprit étroit des piétistes prussiens, maîtres des plus hautes influences à la cour, avait toujours empêché que cette législation arriérée, plus digne de la Turquie que d'un état européen, fût réformée. Il est clair qu'en présence d'un fait comme l'apparition des vieux-catholiques il fallait la modifier. La marche à suivre était simple ; elle se résumait en trois points : 1° séculariser tous les actes de la vie civile, établir un régime tel que les changements religieux d'un citoyen ne changeassent rien à son état, et que l'excommunication n'eût à son égard que des effets religieux dont il resterait seul juge ; 2° l'école en Prusse étant obligatoire, séculariser l'école, l'enlever à la surveillance des clergés respectifs ; 3° accorder à l'église nouvelle l'entière liberté de son culte, et, puisque les fidèles de l'église nouvelle provenaient tous de l'église catholique, défalquer sur les biens et dotations de celle-ci une somme proportionnelle au nombre des dissidents et la leur transférer. L'état ignore complètement qui est vrai catholique ; deux partis se présentent devant lui, réclamant les bénéfices de cette appellation. Que peut-il faire ? Compter les adhérents des deux partis, et partager entre eux au prorata du nombre le patrimoine jusque-là indivis.

Cette règle, qui dans la pratique pouvait subir toute sorte d'adoucissements et de moyens termes, ne fut nullement celle qu'adopta le gouvernement prussien. La victoire trouble les meilleurs esprits. L'Allemagne, qui passe sa vie à critiquer l'histoire de France, et qui en a fait l'objet de tant d'observations justes, semble prendre à tâche de copier les fautes de Louis XIV et de Napoléon Ier. La plus grande faute de ces deux souverains a été d'exagérer l'idée de l'état, et par suite de se laisser entraîner à la persécution religieuse. M. de Bismarck et les patriotes allemands raisonnent absolument comme eux. « Le protestantisme, disait Louis XIV, nuit à l'unité de mon état ; les protestants ne sont pas aussi complètement Français que mes autres sujets ; ils ont des relations avec ceux qui pensent comme eux à l'étranger ; leurs principes religieux mènent à l'opposition contre mon gouvernement ; il faut les supprimer. » Qu'on mette le mot de « catholiques » à la place de « protestants, » on aura exactement le raisonnement du gouvernement prussien dans sa politique envers les ultramontains. Il faut dire, pour justifier quelques hommes éclairés, qu'on est surpris de voir associés à une politique si étroite, que la solution libérale eût été bien plus de leur goût, mais que l'opposition du parti piétiste à la sécularisation du mariage les força de recourir à des moyens beaucoup moins corrects pour assurer aux « vieux-catholiques » une situation supportable. Cela est si vrai qu'on en est venu tardivement à la mesure par laquelle il aurait fallu commencer, et qui, si on l'avait appliquée à temps, aurait presque suffi.

Qu'a fait le gouvernement prussien, au lieu de donner simplement aux vieux-catholiques la liberté à laquelle ils avaient droit ? il a inquiété les catholiques qui ont reçu les décisions du concile, et qui constituent l'immense majorité. Ici, il maintient malgré l'évêque un aumônier, un professeur de religion, qui n'admet pas la nouvelle règle de foi. On comprend sans peine que ce n'est pas nous qui accuserons cet aumônier, ce professeur, de commettre en cela le moindre délit. Chacun est dans son droit en ayant sur le concile du Vatican telle opinion que bon lui semble et en l'exprimant ; mais il est clair que le théologien qui s'est séparé d'une église ne peut continuer à enseigner la théologie dans cette église. Dès qu'on donne aux dissidents toute liberté d'opposer enseignement à enseignement, ils ne peuvent rien demander de plus.

Bien plus graves furent les lois de mai 1873, lois vraiment attentatoires à la liberté, gênant l'évêque dans le choix de ses prêtres, lui imposant des règles que l'église ne connut jamais, consacrant une intrusion de l'état (et d'un état hérétique !) dans l'enseignement intérieur de l'église, méconnaissant totalement le principe de la transmission des grâces sacramentelles, qui est la base du catholicisme. Le prêtre catholique n'est pas un fonctionnaire qu'on destitue, qu'on remplace par un autre. Il a une mission ; il reçoit des pouvoirs que lui confère son évêque et de la communion de celui-ci avec le pape le droit de conférer les sacrements d'une façon valable, de disposer des grâces dont l'église tient le trésor. Telle est la doctrine des catholiques. Nous réclamons vivement le droit de n'y pas croire, et même de la combattre dans la forme que nous jugerions opportune ; mais nous réclamons non moins vivement pour les catholiques le droit d'y croire et de conformer leur pratique à leur croyance. Y a-t-on songé ? Chasser les évêques et les curés n'est rien, si l'on ne se donne le droit d'en mettre d'autres à leur place ; mais les prêtres qu'on installera ainsi seront nuls pour les fidèles. Leur messe sera un sacrilège ; leur demander l'absolution sera un péché de plus. Engager le catholique à user du ministère de tels prêtres qu'il sait prévaricateurs, c'est l'engager à une œuvre mauvaise ; or voilà bien la pire chose que puisse faire l'état. A-t-on oublié le clergé constitutionnel de la révolution française, ces églises officielles abandonnées, ces prêtres réfractaires recherchés de nuit et dans les lieux secrets pour les actes religieux ? Qui ne voit que la messe du prêtre institué par l'état sera toujours déserte ? Les croyants la fuiront, les libres penseurs ne s'y rendront pas. On ne conçoit pas comment des politiques aussi pénétrants que ceux qui dirigent les affaires de la Prusse ont pu commettre une pareille faute. En un sens, Louis XIV, dans ses mesures les plus blâmables contre les protestants, n'alla pas aussi loin. Il fut dur, cruel ; mais, si ce n'est dans des cas rares, il n'essaya pas de régenter les consistoires, de peser sur le choix des ministres, de maintenir à leur poste des théologiens protestants qui seraient passés à l'église romaine. Il est évident que, pour les choses religieuses, surtout pour ce qui concerne le catholicisme, les hommes d'état prussiens n'ont pas la même pénétration, la même solidité de renseignements que pour les affaires diplomatiques et militaires. Il s'agit ici d'un ordre de choses qui leur est étranger. L'église est une femme, il faut la traiter comme telle ; la prendre par le bras et la secouer rudement n'est pas le moyen d'avoir raison d'elle.

Sur deux points essentiels en effet, M. de Bismarck paraît s'être trompé dans ses prévisions : d'abord il s'est certainement exagéré l'extension que le mouvement vieux-catholique était destiné à prendre ; en second lieu, il semble n'avoir pas bien calculé le degré de résistance que les catholiques romains devaient offrir. M. de Bismarck s'était figuré que le mouvement d'opposition au dogme de l'infaillibilité entraînerait la masse des catholiques allemands, si bien que la dénomination de catholique, aux yeux de l'état, changerait d'acception et passerait aux anti-infaillibilistes, les ultramontains fidèles n'étant dès lors que des dissidents plus ou moins tolérés. Cette circonstance que pas un seul évêque n'osa se mettre en schisme après la proclamation du dogme aurait pourtant dû l'éclairer. Un mouvement dans la catholicité qui s'opère sans l'épiscopat demeure toujours très borné. Le fait est que le schisme des vieux-catholiques, bien que sérieux, est resté jusqu'ici une manifestation de second ordre, importante par la science et le caractère de ceux qui s'y sont compromis, mais limitée quant au nombre des adhérents. La petite église compte dans son sein des professeurs, des docteurs, des prêtres, des personnes appartenant à la haute bourgeoisie ; le peuple n'y vient guère, et une église n'existe pas sans peuple. Je vois dans l'église nouvelle beaucoup de pasteurs, mais un faible troupeau, beaucoup de science du droit canonique, des discussions solides, mais peu de baptêmes, peu d'enterrements, peu de mariages. Or qu'est-ce qu'une église qui ne baptise pas, n'enterre pas, ne marie pas ? Le mouvement vieux-catholique durera, il n'aura pas été une tentative éphémère ; il ne décidera pas cependant, ce me semble, de l'avenir du catholicisme allemand. A part son obstination à garder une dénomination qui ne lui convient guère, ce sera une secte protestante de plus. Il sera fâcheux pour le catholicisme d'avoir perdu des fidèles aussi considérables ; mais ces hommes, séparés de lui, ne lui feront pas une bien redoutable concurrence. L'adhésion au catholicisme vient de raisons sur lesquelles les arguments de M. Dœllinger et de M. de Schulte ont peu de prise.

Le second point sur lequel M. de Bismarck semble s'être fait illusion, c'est l'attitude que garderait le clergé catholique dans la nouvelle situation qui lui était faite. On voit bien ce qui l'aura induit en erreur. Il aura compté sur l'élan de patriotisme germanique redoublé par la victoire, sur l'antipathie du véritable Germain pour le romanisme, plus encore sur la docilité de l'Allemand envers l'état, sur le peu de popularité que rencontre en Allemagne la résistance à l'autorité. A cet égard, la différence est totale avec la France. L'Allemand n'a pas la rhétorique sonore, le journalisme retentissant ; un Lacordaire, un Montalembert, n'ont pas de place dans un tel pays. Chez nous, toute l'opinion libérale, sans distinction de doctrine, est avec celui qui résiste ; en Allemagne, l'opposition, la résistance à la loi, sont une cause de défaveur, la persécution ne donne pas grand prestige, car l'Allemand est pour ce qui est fort : il n'a pas cette générosité, souvent superficielle, il faut le dire, qui nous porte à croire que le faible a toujours raison. Il y avait donc des motifs de compter sur un succès ; mais M. de Bismarck n'avait pas assez étudié, ou plutôt sa nature ne lui permettait pas de bien comprendre ce que c'est qu'un catholique, ce qu'il y a d'hiératique, d'absolu, de surnaturel en sa foi. La confiance exagérée de son entourage dans la toute-puissance des mesures administratives et des lois pénales l'a égaré. Il ne s'était pas suffisamment rendu compte de l'héroïsme de situation que la nécessité allait donner à des hommes faibles d'ailleurs par bien des côtés. Il y a dix-sept cents ans que cela dure. Dès le IIe siècle, Lucien, dans ce spirituel pamphlet *de la Mort de Pérégrinus*, a fait l'analyse de ce qu'on gagne d'adorations et de petits soins à être confesseur et martyr ; le personnage qu'il met en scène embrasse cette profession comme lucrative et pleine de charme.

Ce qu'il y a de pis dans cette fâcheuse situation, c'est qu'elle est sans issue. Les évêques ne peuvent pas céder, ils ne céderont pas. Les victorieux d'un autre côté ne cèdent guère. La franche adoption du système américain de la séparation de l'église et de l'état sauverait tout, mais une telle solution serait bien peu prussienne. Il y a là des éventualités grosses de péril. La mort de Pie IX changera considérablement l'état du problème, sans pourtant le supprimer. Beaucoup d'indices portent à croire que, dans l'élection qui suivra la mort du pape, l'Allemagne ne s'oubliera pas. Elle aura une politique, et si, comme il est probable, elle désespère d'obtenir un chef de l'église universelle qui lui soit favorable, elle cherchera peut-être à susciter un rôle comme celui de ces antipapes allemands, nombreux au moyen âge, Cadaloüs, Guibert de Ravenne, Octavien. En général, ces papes allemands n'ont pas fait grande fortune. Dans l'état actuel des choses en particulier, l'Allemagne travaille à une œuvre d'un patriotisme si particulier que l'élément universel lui fera défaut. D'un autre côté, un empereur protestant aura toujours mauvaise grâce à s'ingérer dans le choix du chef infaillible de l'église catholique. Que d'embarras ! Combien il eût mieux valu ne demander sa force contre des prétentions sûrement dangereuses et exagérées qu'au respect de la conscience individuelle et à la liberté !

Le seul procédé respectueux des états envers les religions est de ne pas s'occuper de leurs affaires. Ne dites pas que le devoir de l'état est de délivrer les consciences, de leur rendre la liberté que la théocratie leur a indûment ravie. Celui qui veut quitter sa communion, son ordre religieux, doit être entièrement libre de le faire ; mais celui qui veut rester dans sa communion, dans son ordre religieux, l'état n'a pas à le délivrer. Dans l'Inde, où rien ne meurt, la secte des ismaéliens ou « assassins » se continue encore ; elle a un chef, personnage de haute importance, qui touche annuellement de ses sectateurs une somme très considérable, qu'il dépense, dit-on, presque tout entière en chevaux (ce dernier descendant du Vieux de la montagne est le principal amateur de courses de Bombay). Il y a quelques années, des réclamations s'élevèrent ; le gouvernement anglais fut sollicité de s'opposer à ces abus. Alors s'engagea entre les demandeurs et le gouvernement anglais à peu près ce dialogue : « Qui vous force à payer ? Refusez votre cotisation à l'imam, si vous êtes mécontents de lui. — Mais il nous excommuniera. — Que vous importe ? — Mais notre bonheur éternel dépend de lui. — Si votre bonheur éternel dépend de lui, vous ne pouvez le payer trop cher. » L'affaire en est là, et l'administration anglaise fera bien de la laisser où elle en est. Si un des sectaires de Bombay ne voulait plus payer son chef religieux, il serait juste que le pouvoir civil lui prêtât main-forte pour rentrer dans sa liberté naturelle, et le protégeât au besoin contre ses anciens supérieurs ; mais le fidèle, restant fidèle, n'a nul droit de venir demander à l'état d'intervenir entre son chef et lui, à moins qu'il ne s'agisse de questions de droit commun. Sans doute, on conçoit un état social où l'imam des ismaéliens serait passible de poursuites, comme celui qui trompe sur la qualité de l'objet vendu, puisqu'il promet à prix d'argent un bonheur chimérique ; mais qui démontrera au croyant que c'est une chimère ? Il faudrait entrer dans la discussion, et les meilleures raisons du monde ne convaincraient pas le fidèle « assassin. » Que l'état renonce donc à convertir même ceux qui s'égarent ; qu'il ne s'attribue aucun droit de décider sur la vérité des doctrines ; que l'honnête citoyen qui paie ses impôts et s'acquitte du service militaire ne soit pas obligé par surcroît d'avoir une solution pour le problème insoluble des rapports de l'homme avec la Divinité.

III

L'orage religieux qui a éclaté en Suisse se présente sous deux aspects très divers. Dans le Jura bernois, l'affaire s'est à quelques égards engagée comme en Prusse. Un grand nombre de laïques refusent de se soumettre au dogme de l'infaillibilité ; quelques curés se joignent à eux, leur évêque les destitue. L'autorité cantonale de Berne les maintient ; l'évêque résiste. On le destitue et on l'exile ; les curés restés fidèles à Rome et à leur évêque sont remplacés par des curés « vieux-catholiques. » La population, dans ce conflit, se prononce en majorité, dit-on (mais il est très difficile d'apprécier une telle majorité), pour le schisme avec Rome. Les réflexions que nous avons faites sur les mesures prussiennes nous dispensent de dire ce que nous pensons d'un pareil état de choses. La majorité en Prusse est sacrifiée, la minorité l'est dans le Jura bernois ; le droit naturel l'est également des deux parts. Un nombre considérable de catholiques bernois sont privés des sacrements et des consolations religieuses auxquels ils ont droit et pour lesquels ils font les sacrifices voulus par la loi.

Le conflit genevois a peu de ressemblance avec celui que les gouvernements de Berlin et de Berne ont tranché avec tant de raideur. La cause est bien la même ; c'est l'esprit de vertige dont la cour de Rome semble possédée qui cette fois encore lui enlève une province importante ; mais tout le reste diffère. Dans le conflit allemand et dans celui de Berne, l'offensive a été prise par le gouvernement prussien et par le gouvernement bernois. A Genève au contraire, l'agression est venue du gouvernement pontifical. Il semble que, fidèle à la vieille maxime romaine, le Vatican ait pour principe de montrer d'autant plus d'audace, d'inflexibilité, de hauteur, que les circonstances lui sont plus contraires ; il croit que l'on amoindrit sa détresse en prenant des airs de vainqueur. Cela est bon, quand on est jeune ; mais quand on n'a plus pour force que le respect qui s'attache à ce qui est vieux et faible, on se perd par de telles manières d'agir. Dans le courant du mois de janvier 1873 parut un bref pontifical détachant le canton de Genève du diocèse de Lausanne et confiant les pouvoirs épiscopaux dans les paroisses ainsi détachées au chef souvent imprudent de la propagande ultramontaine en ces parages, M. Mermillod. C'était là un acte en contradiction avec les conventions essentielles sur lesquelles reposait l'organisation de l'église catholique dans le canton de Genève, en particulier avec le bref de Pie VII de 1819. Des actes nombreux qui, depuis 1815, ont successivement modifié l'organisation du catholicisme genevois était résulté un état de choses qui ne pouvait être changé que par le consentement mutuel des deux parties. Pour justifier la mesure papale, les ultramontains sont obligés de soutenir que, les concessions antérieures n'étant que « des actes de bienveillance et de haute faveur » de la part du pontife romain, celui-ci gardait toujours le droit supérieur de retirer la grâce qu'il avait cru devoir accorder à une autre époque.

Il est clair que le gouvernement fédéral avait le droit de protester contre l'acte papal de janvier 1873 et le devoir de n'en tenir aucun compte. Cet acte était la violation du *modus vivendi* établi ; la rupture était venue de la cour de Rome. Il fallait en prendre acte. A partir de janvier 1873, M. Mermillod n'était plus qu'un citoyen suisse, sans nul privilège garanti par l'état ; M. Agnozzi n'était plus nonce du pape que pour les fidèles à qui il convenait de lui donner ce titre. Pour le gouvernement, il n'était plus qu'un étranger de distinction, traité naturellement avec toute sorte d'égards. Dans le canton de Genève en particulier, le budget cantonal du clergé catholique se trouvait supprimé ; le catholicisme n'existait plus que comme telle secte baptiste ou méthodiste libre, sans titre officiel. Des lois ultérieures eussent pu intervenir, non sur la base d'arrangements que le saint-siège avait déchirés, mais au nom du droit naturel, qui veut que l'homme soit libre d'adhérer à la communauté religieuse qu'il croit la meilleure, et reçoive même de l'état toute facilité pour cela.

Le gouvernement fédéral suivit une voie opposée. Non content de ne pas reconnaître M.

Mermillod pour évêque de Genève, il l'exila sans condamnation juridique, acte tout à fait extra-légal. Au lieu de signifier à M. Agnozzi qu'il n'était plus nonce du pape, puisqu'un tel titre avait cessé d'exister par le fait même de la cour de Rome, on lui signifia un ordre de départ. Au lieu de laisser les catholiques se débattre dans leurs luttes intestines et de leur retrancher toute subvention, le canton de Genève fit pour les catholiques une véritable constitution civile, réglant, comme s'il eût été une autorité canonique, l'organisation intérieure de l'église, consommant le Schisme avec Rome, mettant à l'élection les charges ecclésiastiques. Voilà des actes qu'un ami de la liberté ne peut approuver. Que dirions-nous, si un gouvernement catholique se donnait le droit de pénétrer dans l'intérieur des églises protestantes, d'en modifier de fond en comble l'ordonnance, de toucher à des points que les protestants tiennent pour de foi ? Il est clair que le catholique romain du canton de Genève est par cette législation gêné dans son culte. Il est vrai qu'il garde la liberté de ne pas adhérer à la nouvelle organisation, il peut continuer à ne voir que ses prêtres, à recevoir d'eux seuls les sacrements ; mais il a droit de se plaindre que l'état se prononce sur la signification du mot catholique, n'applique plus ce nom qu'à des personnes, selon lui, exclues de la communion catholique, et fasse jouir ces personnes seules des privilèges légaux attachés audit nom.

Un fait grave se produisit cependant. La majorité des catholiques du canton de Genève se montra favorable à ces mesures, selon nous peu libérales. L'inverse de ce qui s'était passé en Allemagne eut lieu ; la majorité fut pour le schisme. C'est que le mouvement catholique libéral de la Suisse venait de causes tout à fait différentes de celles qui provoquent le mouvement vieux-catholique de l'Allemagne. En Allemagne, la révolte contre Rome a son principe dans une sorte d'aristocratie religieuse de docteurs en théologie, de professeurs, de laïques notables. En Suisse, l'opposition à l'ultramontanisme vient de la démocratie. Il ne faut pas se le dissimuler, la démocratie est, après le protestantisme germanique, le pire ennemi de la cour de Rome. Il y a là une antipathie que nous n'avons pas pour le moment à expliquer ; il suffit de la constater. Les populations catholiques de la Suisse française, abandonnées à elles-mêmes, n'auraient pas vite consommé leur schisme avec Rome, car l'indifférence religieuse est chez elles le sentiment le plus répandu ; mais, le schisme une fois décrété par le gouvernement, elles se montrèrent en majorité satisfaites, et prirent part dans une mesure suffisante aux scrutins pour l'élection des curés. Un véritable événement se trouva de la sorte accompli. Tandis que les vieux-catholiques allemands n'arrivaient à grouper autour d'eux qu'un petit nombre de laïques, les catholiques libéraux de la Suisse se constituaient en église établie, agissante. L'impossibilité où sera la vieille organisation romaine de se maintenir dans les pays démocratiques fut prouvée par un exemple éclatant. Il y a là pour un esprit philosophique une leçon capitale. Ce n'est pas sans raison que la cour de Rome s'attache convulsivement aux restes de l'ancien régime ; seules les hautes classes de la société la soutiennent : partout où ces hautes classes perdront l'influence dirigeante, le catholicisme romain ne pourra conserver sa situation prépondérante.

Si l'universalité des catholiques de Genève ou du Jura bernois eût suivi l'initiative de schisme prise par leur gouvernement, nous n'aurions pas grand'chose à dire. Les révolutions religieuses du XVIe siècle, dont le temps a démontré la légitimité, se sont souvent faites d'une façon peu différente de celle que nous venons de raconter. Il n'y a guère de mouvement dans l'histoire dont l'origine soit bien correcte ; mais il ne faut pas l'oublier : la majorité des catholiques libéraux, à supposer qu'elle soit réelle, est en Suisse peu considérable. Une réaction devra se produire, elle se produit déjà dans le Jura ; les difficultés pour recruter le clergé schismatique peuvent devenir presque insurmontables, il n'est pas impossible que les catholiques restés romains regagnent le terrain qu'ils ont perdu. Le propre des choses religieuses d'ailleurs est que la minorité a des droits égaux à ceux de la majorité ; en cas de schisme, elle doit avoir sa part dans la division des biens de l'ancienne société dissoute. Nous croyons donc qu'une seule chose est juste et légitime : procéder à la liquidation du catholicisme, par suite de rupture de société, dans les régions de la Suisse où le schisme s'est accompli ; diviser entre les deux partis les biens et les bâtiments de l'ancienne église au prorata du nombre de leurs adhérents, considérer les deux partis et ceux qui se produiront ultérieurement sur le pied de la plus complète égalité. A l'heure qu'il est, cet arrangement profiterait aux catholiques restés romains ; peut-être un jour profitera-t-il aux catholiques libéraux, si, selon l'éternelle loi des choses humaines, les vaincus d'aujourd'hui sont destinés à devenir des vainqueurs à leur tour.

On voit en tout cas que la position des pouvoirs fédéraux et cantonaux de la Suisse à l'égard du mouvement « vieux-catholique » n'a rien qui ressemble à la situation du gouvernement allemand. En Suisse, qu'on le regrette ou qu'on s'en réjouisse, un schisme est consommé ; en Allemagne, une forte protestation est organisée, cette protestation aura des conséquences durables ; cependant on ne peut pas dire que le catholicisme germanique soit scindé en deux églises rivales. En Allemagne, on voit difficilement quelle voie de recul reste au gouvernement pour sortir de l'impasse où il s'est engagé ; en Suisse, le gouvernement, pour satisfaire les libéraux les plus exacts, n'a qu'une ou deux mesures très simples à prendre, se déclarer étranger aux questions religieuses, ne pas se faire juge des dénominations confessionnelles, traiter sur le même pied toutes les églises sérieusement établies, et s'il plaît à M. Mermillod ou à M. Agnozzi de résider dans le pays pour exercer leur activité religieuse sous telle forme et sous tel titre qu'il leur plaira, ne pas plus s'en préoccuper que de la présence de tant d'étrangers qui viennent respirer l'air de la haute montagne et visiter les glaciers.

IV

Je sais à quelles objections on s'expose en soutenant de nos jours les solutions par la liberté. Pour le moment, le parti le plus vaincu en Europe, c'est le parti libéral. De profonds politiques vous répètent à chaque heure ce que la femme de Job disait à ce saint homme : *Adhuc tu permanes in simplicitate tua* ? Eh bien ! oui, nous avons cette naïveté ; la liberté pour tous, en ce qui n'est pas contraire au droit naturel, est seule juste, nous ajouterons, seule sage. Dans l'enivrement de la force, on trouve une pareille politique bien timide, c'est le sort du libéralisme d'être sans cesse traité d'impuissant par les vainqueurs du moment ; mais un peu de patience, on y revient toujours. Après la grande lutte qui se prépare, quand les fanatiques des deux côtés auront bien raillé les conseils des libéraux, on finira par trouver qu'il eût mieux valu les suivre. Seule, la liberté de conscience, dans l'état actuel du monde, peut sauver la dignité humaine, empêcher les violences, préserver le principe de l'état de ses propres excès, amener ce véritable progrès des lumières qui écarte les inconvénients politiques de la superstition.

« Mais, me dira-t-on, vous ne voyez donc pas les dangers que certaines associations religieuses font courir à la raison, à la science, à la patrie, à la liberté ? Pourquoi ne voulez-vous pas que les états extirpent un cancer qui les dévore, se défendent contre un ennemi qui ne s'interdit contre eux aucun moyen d'attaque ? »

Parce que la liberté est un but et non pas un moyen, parce que sacrifier la liberté à une visée politique autre que la liberté elle-même, c'est tomber dans le cercle vicieux si bien exprimé par un poète, *propter vitam vivendi perdere causas* ; même l'évidence absolue ne doit pas être rendue obligatoire, car ce que l'un appelle évidence, l'autre ne l'appelle pas de ce nom. En pareille matière, il n'y a ni juge, ni *criterium*. Un homme n'a dans aucun cas le droit d'imposer son opinion spéculative à un autre homme. Une telle tentative implique même contradiction. S'agit-il de conviction, il est clair que la coercition n'y peut rien ; de bonnes preuves appropriées à l'esprit de la personne sont seules efficaces pour cela. S'agit-il d'adhésion extérieure sans conviction, cela est mauvais. Qui atteint-on par ces malencontreuses mesures ? L'incrédule irrespectueux ? Nullement : celui-ci, persuadé de l'absolue vanité des formes religieuses, se conformera, en souriant intérieurement, à ce qu'on demandera de lui : mais l'homme qui ne croit pas assez aux formes religieuses pour les adopter, et qui respecte trop ce qu'elles ont de vénérable pour les profaner, voilà celui que vous frappez. Quoi de plus insultant pour la religion ? Peut-on infliger un opprobre plus sanglant à la Divinité que de supposer qu'on la trompe, qu'on la joue par de vains simulacres ? Le véritable athée est celui qui fait d'une pensée aussi impie la règle de sa politique et croit par un tel sacrilège servir la cause du bien et du vrai.

En conseillant la liberté, nous ne croyons nullement donner un conseil contraire aux intérêts de l'esprit moderne. Notre conviction est que par la liberté l'esprit moderne triomphera, et que le cours naturel des choses amènera la fin de la superstition beaucoup mieux que toutes les mesures pénales et administratives. C'est une très fausse idée de croire que la persécution directe abattra l'ultramontanisme ; elle le fortifiera. La liberté, j'entends la vraie liberté, celle qui ne s'occupe pas plus de protéger que de persécuter, sera la destruction de l'unité catholique en ce qu'elle a de dangereux. L'unité catholique, je l'ai dit souvent, ne repose que sur la protection des états ; elle est le fruit des concordats conclus depuis le commencement de ce siècle à l'imitation de celui de Napoléon Ier. Que ces pactes entre le saint-siège et les états soient rompus (c'est le saint-siège qui est en train de prendre l'initiative de la rupture), et les églises trop fortes se dissoudront. L'état concordataire, même persécuteur, donne bien plus à l'église par les garanties dont il la couvre qu'il ne lui enlève par ses vexations. Retirer du même coup les garanties et les lois tracassières, voilà la sagesse. Le sort de toute grande communauté religieuse qui n'a pas une force extérieure pour maintenir son unité est la division. La communauté a des biens, une individualité civile. Tandis que le pouvoir maintient le sens de la dénomination de cette église, déclare, par exemple, qu'il ne reconnaît pour catholiques que ceux qui sont en communion avec le pape et admettent telle ou telle croyance, le schisme est impossible ; mais le jour où l'état n'attache plus aucune valeur dogmatique aux dénominations des églises, le jour où il partage les propriétés au prorata du nombre, quand des parties contendantes viennent se présenter devant ses tribunaux en déclarant ne pouvoir plus vivre ensemble, tout est changé immédiatement. Déjà, avant Constantin, les églises chrétiennes eurent besoin de la main de l'autorité païenne pour terminer les différends qui s'élevaient dans leur sein à propos de l'usufruit des propriétés communes. Aurélien, consulté sur une question de ce genre à Antioche, décida que la maison épiscopale serait adjugée à celui auquel les évêques d'Italie et de Rome adresseraient leurs lettres. L'histoire ecclésiastique n'est qu'un tissu de schismes jusqu'à ce que les empereurs chrétiens y mettent la paix. Concevoir une grande église sans un pouvoir temporel qui la maintienne par sa magistrature sa force publique, et est aussi impossible que de concevoir un empire comme l'empire romain, sans armée. Toute grande église laissée hors de la tutelle de l'état, en face de l'attaque des libres penseurs et des divisions de ses prêtres, se divisera infailliblement. Là est l'aveuglement du parti ultramontain. Il ne se rend pas compte de ce qu'il doit à l'état, du service que celui-ci lui rend en lui prêtant ses juges, ses gendarmes. Plein de confiance en la papauté, il ne voit pas que la papauté, privée du pouvoir temporel et ayant brisé ses concordats, roulera de schisme en schisme, que les élections douteuses se multiplieront, que chaque parti, chaque nuance aura un pape à son choix. Le catholicisme ultramontain, pour avoir poussé son principe d'unité à l'extrême, périra justement par la division. Si l'on adopte ces idées, on trouvera qu'il est bien peu politique de persécuter ce qui doit tomber de soi-même. Douceur et indifférence, voilà la plus dangereuse politique que les états puissent adopter à l'égard de l'ultramontanisme. Au contraire le moyen de le resserrer, de le faire durer, est d'employer avec lui de rudes procédés qui, loin de l'affaiblir, l'enracinent dans cette opinion qu'il doit régner ou souffrir, et qu'un gouvernement ne peut être à son égard sans amour et sans haine.

Ce que nous venons de dire des partis religieux, nous le dirons de la philosophie dans ses rapports avec l'état. La philosophie doit être libre, elle doit énergiquement défendre son droit contre les prétentions des diverses orthodoxes religieuses ; mais elle doit s'interdire absolument, quand elle en a le pouvoir, toute autre mesure que la persuasion, la diffusion des lumières, l'instruction. Le progrès accompli autrement n'est pas le progrès. On ne guérit pas la superstition, l'idolâtrie en brisant les amulettes, les idoles, mais en mettant les esprits dans un état où la superstition et l'idolâtrie sont des non-sens. Que la libre pensée ait plus d'un grief contre les partis religieux, lesquels d'ordinaire ne se croient libres que quand ils règnent, cela est incontestable. Qu'elle maintienne ses revendications, mais qu'elle s'interdise toutes représailles. De fâcheuses mesures ont été prises. L'école publique, qui doit être neutre en matière de religion, est trop souvent un instrument de propagande pour un seul culte ; des règles pénibles ont été établies pour les funérailles. Les funérailles sont une sorte de sacrement ; leur donner un cachet confessionnel contrairement à la volonté du mort est un sacrilège. Enfin les libres penseurs ont le droit de se plaindre que, contrairement à la vérité des faits, le parti catholique s'arroge la France, et commette trop souvent, au moins en parole et en intention, la faute de 1849. Employer dans l'intérêt d'un parti religieux la force armée de la nation est un véritable attentat contre la nation. Qu'à l'avenir les catholiques se contentent strictement du droit commun. La liberté est chose réciproque ; quand on la veut pour soi, il faut l'admettre pour les autres. Quant à nous, soyons obstinément fidèles aux principes. Notre religion, c'est la relation pure, libre, spontanée, de l'homme avec l'idéal. Nous serions non-seulement inconséquents, mais coupables, en employant pour notre propagande des moyens que ne se refusent pas ceux qui respectent moins que nous la conscience. Laissons-leur cet avantage, si c'en est un ; nous aurons notre revanche le jour où nous verrons les adversaires de la liberté se contenter de ce qu'ils dédaignèrent, réclamer chaudement pour eux ce qu'ils n'ont guère accordé aux autres, heureux d'un pis-aller qu'au temps de leur orgueil ils avaient repoussé comme une injure à leurs droits divins.

Ces principes sont les vrais principes français. C'est la France qui les a proclamés, par l'organe de ses meilleurs esprits, avec une éloquence égale à celle des anciens. Restons-y fidèles ; par là nous vaincrons. On entend souvent des personnes animées d'un sincère patriotisme faire ce raisonnement : « nos rivaux suivent une politique anti-catholique ; suivons une politique catholique. » C'est là une grave erreur. Le vrai raisonnement est celui-ci : « nos rivaux suivent une politique de compression religieuse ; suivons une politique de liberté religieuse. » Que tout le monde soit libre en France ; que le jésuite, le protestant, le vieux-catholique, le libre penseur, s'y trouvent à l'aise, y forment des associations, y créent en toute sécurité des fondations durables. Si l'on veut dire qu'avec cette conception de la liberté et ces larges concessions aux diversités, disons-le même, aux aberrations individuelles, il n'y a plus de place pour l'état dans le sens absolu où l'entendirent autrefois les politiques français et où l'entendent maintenant les politiques prussiens, je m'en réjouis, et je suis reconnaissant au catholicisme d'avoir fait en cette circonstance ce qu'il a déjà fait plus d'une fois, c'est-à-dire empêché la formation d'états trop forts. L'état doctrinaire est toujours tyrannique. S'il y avait une raison s'imposant avec évidence, on pourrait prendre cette raison pour base de souveraineté ; mais la raison ne s'impose que par la persuasion. Vouloir inculquer nos idées libérales par les moyens dont se servit autrefois le fanatisme et dont il se servirait encore, s'il le pouvait, c'est une flagrante contradiction, puisque, d'après nos principes, il n'y a d'acte humain méritoire que celui qui est voulu, libre, consenti. Rassurons-nous, la liberté est un bien plus énergique dissolvant pour les autorités dangereuses que nous voulons tous combattre que les mesures directes qu'on leur oppose. Nous ne reprochons au catholicisme qu'une chose, c'est d'écraser par sa masse ou pour mieux dire par sa centralisation les opinions rivales qui, repoussant l'organisation régimentaire, ne peuvent arriver à la même unité ; mais quand on aura le droit, dans les principaux états de l'Europe, de quitter librement le catholicisme, de vivre hors de lui, de discuter ses dogmes et sa discipline, cette vieille église sera quelque chose d'inoffensif et, nous en sommes convaincus, de bienfaisant. A elle-même, l'épreuve de la liberté sera utile ; elle y retrouvera quelques-uns des dons de sa jeunesse, et peut-être des destinées nouvelles lui sont-elles réservées.

La patrie des temps modernes ne saurait plus être la patrie du temps de Rome ou de Sparte, où tous, en réalité parents, membres de la même famille, avaient les mêmes dieux, participaient à la même éducation, aux mêmes cultes. Nos états modernes sont beaucoup trop étendus pour cela. Pas un seul de ces états n'a d'unité pour ce qui est de la race, de la langue, de la religion. Ce sont de vastes associations faites par l'histoire, maintenues par les intérêts et le consentement mutuel des parties. Croit-on qu'on rattachera puissamment les membres assez divers de ces grandes réunions en les gênant dans leurs croyances, en contrariant leurs habitudes ? Non. Dans un avenir prochain, la patrie la plus aimée, la plus recherchée, sera celle qui laissera ses membres le plus tranquilles, les gênera le moins. Depuis que la patrie allemande donne la gloire militaire, le nombre des émigrants a-t-il diminué, le nombre des naturalisations a-t-il augmenté ? La part d'idéalisme qui reste dans le monde est considérable encore ; mais l'idéal se réfugie de plus en plus dans la conscience de chacun. N'allez pas l'y attaquer. Philosophe ou chrétien, l'homme ne vaut qu'en proportion de ce qu'il croit et de ce qu'il aime. S'imaginer qu'on augmente sa valeur par l'hypocrisie officielle, par la persécution qui humilie ou exaspère, par des procédés de gouvernement qui ravalent la foi au niveau des choses mises en régie, est la plus grave des erreurs. Peut-être reconnaîtra-t-on un jour que les philosophes qui éprouvent devant de tels actes une invincible antipathie auront été en cela non-seulement des politiques honnêtes, mais encore des politiques habiles.

www.ingramcontent.com/pod-product-compliance
Lightning Source LLC
Chambersburg PA
CBHW071308040426
42444CB00009B/1929